BEI GRIN MACHT SICH IHR WISSEN BEZAHLT

- Wir veröffentlichen Ihre Hausarbeit,
  Bachelor- und Masterarbeit

- Ihr eigenes eBook und Buch -
  weltweit in allen wichtigen Shops

- Verdienen Sie an jedem Verkauf

Jetzt bei www.GRIN.com hochladen
und kostenlos publizieren

Erstellung eines Pflichtenheftes für ein wenig komplexes Online-System

Fabian Schnabel

Bibliografische Information der Deutschen Nationalbibliothek:

Die Deutsche Nationalbibliothek verzeichnet diese Publikation in der
Deutschen Nationalbibliografie; detaillierte bibliografische Daten sind
im Internet über http://dnb.d-nb.de abrufbar.

ISBN: 9783346836564
Dieses Buch ist auch als E-Book erhältlich.

Druck und Bindung: Books on Demand GmbH, Norderstedt Germany
Gedruckt auf säurefreiem Papier aus verantwortungsvollen Quellen

Das vorliegende Werk wurde sorgfältig erarbeitet. Dennoch
übernehmen Autoren und Verlag für die Richtigkeit von Angaben,
Hinweisen, Links und Ratschlägen sowie eventuelle Druckfehler keine
Haftung.

Das Buch bei GRIN: https://www.grin.com/document/1335568

Schnabel, Fabian

Assignment

Erstellung eines Pflichtenheftes für ein wenig komplexes Online-System

Studiengang:	Wirtschaftsinformatik - Bachelor of Science (B. Sc.)
Modul:	Integrierte Projektwerkstatt 2 (WIN31)
Datum:	03.10.2022

Inhaltsverzeichnis Seite

Abbildungsverzeichnis

Einleitung

1.1 Begründung der Problemstellung

In modernen Projekten stellt die Einhaltung vordefinierter Budgets und Zeitrahmen eine große Herausforderung dar. Dazu soll dem Kunden möglichst das Endprodukt angeboten werden können, welches exakt seinen Anforderungen entspricht. Dies führt unter Umständen zur Nichteinhaltung des Projektrahmens. Eine Ursache ist durch die unterschiedliche Basis von Auftraggeber und Auftragsnehmer in Bezug auf die Anforderungen an das Produkt und die geplante Problemlösung gegeben. Sind die Anforderungen nicht klar definiert und deren Umsetzung schriftlich festgehalten kann es zu erheblichen Abweichungen bei der Zielerreichung im Projektverlauf kommen.

Ein erprobtes und umfassendes Planungsinstrument zur Vorbeugung derartiger Probleme stellt das Pflichtenheft dar. Derartige Hilfsmittel im Projektmanagement sind heutzutage meist IT-gestützt und in einer schnelllebigen und globalisierten Welt unumgänglich um wettbewerbsfähig zu bleiben.[1][2]

1.2 Aufbau und Zielsetzung der Arbeit

Das Ziel der vorliegenden Arbeit besteht darin einen selektierten Ausschnitt aus einem Pflichtenheft für eine zuvor konzipierte Anwendung zu erstellen und unter Erläuterung der hierfür relevanten Grundlagen darzustellen.

Zuerst werden die Grundlagen in Bezug auf Pflichtenhefte geklärt. Dazu zählen die Definition eines Pflichtenheftes, die Abgrenzung des Pflichtenheftes vom Lastenheft und die Anwendungsbereiche. Am Ende des Kapitels werden zudem Faktoren für ein erfolgreiches Pflichtenheft betrachtet. Im Anschluss an die Darlegung der Grundlagen folgt die Vorgehensweise zur Erstellung eines Pflichtenheftes. Dabei wird auf die Struktur und den Inhalt eingegangen. Als nächstes folgt die Darstellung und Erläuterung eines Ausschnitts aus dem Pflichtenheft der Konzeption. Zuvor wird die konkrete Auswahl des Ausschnitts noch begründet. Am Schluss wird eine Dokumentation der wichtigsten Ergebnisse der Arbeit, gefolgt von einer kritischen Würdigung und zukünftigen Aussichten, dargestellt.

---

[1] vgl. Madauss (2020), S. 302 f.
[2] vgl. Jakoby (2021), S. 21 - 23, 71

2 Begriffsdefinitionen und theoretische Grundlagen

2.1 Definition Pflichtenheft

Das Pflichtenheft, was auch als Leistungsverzeichnis oder Statement of Work bezeichnet wird, wird vom Auftragnehmer verfasst und bildet im Sinne einer Lösungsspezifikation die Antwort auf das vom Auftraggeber erstellte Lastenheft. Art und Umfang der Umsetzung der in dem Lastenheft dargestellten Forderungen werden dabei aus der Position des Auftragnehmers konkret in Form der zu erbringenden Lieferungen und Leistungen beschrieben. Im Zuge der Entwicklung des Leistungsverzeichnisses sollen die Kernfragen *was* vom Auftragnehmer *wann*, sowie *wo* und *wie*, durchgeführt wird geklärt werden. Jedoch werden hierbei keine Einzelaufgaben beschrieben, sondern vielmehr zentrale Aufgaben und Pflichten im Bereich des Projektvertrags. Je klarer diese Hauptfrage und dessen zugehörige Teilfragen geklärt werden, desto sicherer ist die Projektplanung und infolgedessen auch die Erreichung des Ziels. Folglich gilt das Pflichtenheft für den Auftragnehmer auch als Ausgangsposition für die Umsetzung des Projekts.[3] [4] [5] [6]

2.2 Differenzierung von Pflichtenheft und Lastenheft

Wesentlich zur Unterscheidung der beiden Dokumente ist die Sicht aus der sie geschrieben werden.

Im Lastenheft beschreibt der Auftraggeber schriftlich die gesamten Lieferungen und Leistungen, die vom Auftragnehmer erwartet werden. Hierbei sollen technische sowie inhaltliche Richtlinien an das Projekt gestellt werden, damit der Auftragnehmer in Kenntnis gesetzt wird *was* der Auftraggeber realisiert haben will und *wieso*. Ein unvollständiges und unklares Lastenheft kann zu bedeutenden Einbußen im Endergebnis führen oder sogar im Ernstfall das Nichterreichen des Ziel bewirken. Daher sollte ein besonderes Augenmerk auf die Qualität dieses Dokuments gesetzt werden. Beispielhafte Themen, die im Lastenheft behandelt werden, sind der Ist- und Soll-Zustand, in welchen der aktuelle und der gewünschte Stand des Projektgegenstands definiert wird.

---

[3] vgl. Jakoby (2021), S. 87 f.
[4] vgl. Grande (2014), S. 9
[5] vgl. Madauss (2020), S. 304, 499
[6] o. V. (o. J.), Onlinequelle

Auf der anderen Seite steht das Pflichtenheft, welches vom Auftragnehmer verfasst wird und somit dessen Sichtweise widerspiegelt. Es ist das Gegenstück zum Lastenheft und beinhaltet konkrete Realisierungsvorgaben der Lieferungen und Leistungen, die aus der Annahme des Auftrags entstanden sind. Es wird somit im Grunde genommen beschrieben *wie* die Forderungen aus dem Lastenheft umgesetzt werden. Auch hier gilt ein hoher Qualitätsanspruch um die Wahrscheinlichkeiten von Schäden im Projektverlauf zu minimieren.

Zusammenbilden bilden Pflichtenheft und Lastenheft die Grundlage der Vereinbarung zwischen Auftraggeber und Auftragnehmer. Sie sind jedoch aufgrund der grundsätzlich unterschiedlichen inhaltlichen Fragestellungen als separate Dokumente zu betrachten.[7][8][9]

	Lastenheft	Pflichtenheft
Verfasser	Auftraggeber	Auftragnehmer
Kernfunktion	Darstellung der erwarteten Lieferungen und Leistungen.	Konkrete Realisierungsvorgaben zur Umsetzung der Anforderungen aus dem Lastenheft.
Kernfrage	Was soll das Produkt können?	Wie findet die Umsetzung statt?
Qualitätsanforderungen	Hoch	Hoch

Tabelle 1: Gegenüberstellung von Lasten- und Pflichtenheft[10]

[7] vgl. Grande (2014), S. 53
[8] vgl. Jakoby (2021), S. 87 f.
[9] vgl. Madauss (2020), S. 304
[10] Eigendarstellung

2.3 Anwendungsbereiche von Pflichtenheften

Da das Pflichtenheft ein wesentlicher Bestandteil eines Projekts ist, und aufgrund der vielfältigen Möglichkeiten der Projektabwicklung, gilt es zu klären, ob Pflichtenhefte nur in klassisch strukturierten Vorhaben eingesetzt werden können oder auch für agile Ansätze von Nutzen sind.

2.3.1 Klassisch strukturierte Vorhaben

In der Softwareentwicklung gibt es zahlreiche traditionelle Vorgehensmodelle mit unterschiedlichen Ausrichtungsmöglichkeiten. Dazu zählen vor allem phasenorientierte und sequenzielle Modelle, welche vom Autor in diesem Kapitel thematisiert werden.

Wie die Bezeichnung des Phasenmodells bereits preisgibt besteht dieses aus einzelnen Phasen. Eines der etabliertesten Phasenmodelle ist dabei das Wasserfallmodell. Jeder weitreichende Arbeitsvorgang stellt eine Phase dar und beinhaltet ein präzise formuliertes Ziel, das in Form eines Meilensteins überprüft wird. Die Phasen sind dabei strikt sequentiell aneinandergekoppelt. Entspricht das Ergebnis einer Phase der Zielvorstellung kann diese beendet werden und die Übergabe an die Nächste erfolgt. Rückkopplungen sind in der Regel nur innerhalb von benachbarten Phasen möglich. So findet im Verlauf des Projekts eine Art Fluss zwischen den einzelnen Phasen statt, was eine gute Kontrolle der Einhaltung von Zielen ermöglich.

Diese strikte Arbeitsweise ist dennoch problematisch in Bezug auf Änderungen während des Projektverlaufs oder bei fehlenden Informationen in den Planungsphasen zu Beginn, da alle Phasen aufeinander aufbauen und progressiv abgeschlossen werden. In der Durchführung ist dadurch wenig bis kein Handlungsspielraum für Ausbesserungen der ursprünglichen Planung. Daher eignet sich das Wasserfallmodell mehr für risikoarme Projekte.[11]

2.3.2 Agile Ansätze

Die agilen Ansätze unterscheiden sich in ihrer Sichtweise deutlich von den Klassischen. Sie sind sehr tolerant gegenüber Veränderungen und Unklarheiten und daher sehr flexibel. Im Zentrum dieser Vorhaben steht generell der Wert. Es wird dabei zwischen zwei unterschiedlichen Arten von Werten unterschieden.

---

[11] vgl. Broy/Kuhrmann (2021), S. 85 ff.

In der ersten Art wird der Wert durch Inhalt und Umfang des Projekts, meist in Form von Budget und Zeit, bestimmt. Innerhalb dieser Anforderungen soll thematisch das umgesetzt werden was den größten Nutzen erzeugt. Das Ziel ist somit eine Maximierung des Wertes durch die bestmögliche Ausnutzung der Komponenten Zeit und Geld.

Die zweite Art des Wertes wird durch die agilen Werte beschrieben, die auf dem agilen Manifest von 2001 beruhen. Hierbei steht eine bestimmte Denkart im Mittelpunkt des Vorhabens, welche als Fundament gesehen wird. Folglich werden sämtliche Handlungen, Entscheidungen und Prozessgestaltungen davon beeinflusst. Zu diesen agilen Werten zählen beispielweise die Hervorhebung des Menschen an erster Stelle vor Produkt und Prozess. Weiterhin sind ständige Lernprozesse durch Rückmeldungen ein festgelegter Wert. Die Umsetzung der dadurch notwendigen Adaptionen, die daraufhin getätigt werden, wirken sich meist positiv aus.

Gerade in Bezug auf innovative, und dadurch risikoreichere Projekte, eignen sich agile Vorgehensweisen deutlich mehr als klassische, da innerhalb dieser Vorhaben unbekannte Bereiche thematisiert werden können, in welchen der Großteil der notwendigen Informationen für die Durchführung noch nicht zur Verfügung stehen. Sind dagegen die Prozesse, wie in klassischen Vorgehensweisen, zu strikt gewählt können die Anforderungen an das Endprodukt aufgrund des Informationsmangels zu Beginn nur schwer eingehalten werden. Daher eignen sich für derartige Projekte agile Vorgehensweisen durch ihre hohe Toleranz und Lernfähigkeit deutlich mehr.[12] [13] [14]

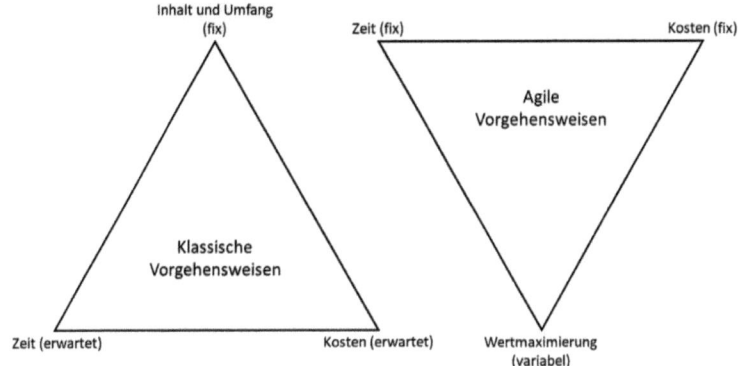

Abbildung 1: Magisches Dreieck in klassischen und agilen Vorgehensweisen[15]

---

[12] vgl. Kusay-Merkle (2021), S. 22 ff.
[13] Ebenda, S. 33 ff.
[14] Ebenda, S. 63 ff.
[15] ähnlich: Kusay-Merkle (2021), S. 22

2.3.3 Einsatzmöglichkeiten von Pflichtenheften

Bezogen auf das Wasserfallmodell ist das Pflichtenheft eine wichtige Komponente. Gerade in den Anfangsphasen, in denen die Aufgaben geplant und den Mitarbeitern zugewiesen werden kommt das Leistungsverzeichnis zum Einsatz, in welchem die Zuweisungen festgehalten werden. Da andere Phasenmodelle in einer ähnlichen Art und Weise funktionieren und klassische Vorgehensweisen zu Beginn meist ähnliche Planungsphasen beinhalten, ist die Verwendung des Pflichtenheftes eine wesentliche Grundlage in traditionellen Vorhaben. [16] [17]

In agilen Vorgehensweisen findet das Pflichtenheft aufgrund seines statischen Planungscharakters nur schwer Anwendung. Durch ständige Veränderungen im Verlauf der agilen Vorhaben wirkt das Pflichtenheft als starres Element entgegen des sich immer wiederholenden Lernprozesses und widerspricht der Toleranz gegenüber Veränderungen. Weiterhin ist es nahezu unmöglich alle Inhalte des Leistungsverzeichnisses zu Beginn eines innovativen Projekts vollständig abzudecken.

Letztendlich ist noch zu erwähnen, dass auch Mischformen von agilen und klassischen Vorgehensweisen existieren, welche die Möglichkeit der Integration des Pflichtenheftes in agile Vorhaben ermöglichen. Dabei wird zu Beginn in der initialen Planungs- und Konzeptionsphase einmalig ein Pflichtenheft erstellt und als Ausgangsbasis verwendet. Die Überlegungen, die bei der Konzeption des Leistungsverzeichnisses gemacht werden, sollen die agilen Methoden im späteren Verlauf unterstützen.[18]

2.4 Erfolgsfaktoren für Pflichtenhefte

Um den Erfolg eines Pflichtenheftes zu gewährleisten sollten die nachfolgend geschilderten Aspekte und deren Einhaltung genau betrachtet werden.

Auf der Basis des Lastenheftes wird das Pflichtenheft erstellt. Daher ist in einer hohen Qualität des Lastenhefts bereits ein fundamentaler Erfolgsfaktor für das Pflichtenheft enthalten. Fehlen bereits im Ausgangspunkt des Pflichtenheftes Inhalte wird dies im späteren Projektverlauf zu merklichen Schwierigkeiten führen. Zudem erschließt sich daraus der Faktor der Vollständigkeit für das Pflichtenheft durch die Beschreibung aller Anforderung an das System. Weiterhin ist es

---

[16] Büchler (o. J.), Onlinequelle
[17] vgl. Broy/Kuhrmann (2021), S. 86 ff.
[18] o. V. (2022), Onlinequelle

von großer Wichtigkeit, dass Inhalte im Pflichtenheft gut durchdacht sind und sich nicht widersprechen. Dazu zählt auch eine präzise Formulierung von Begriffen mit großem Interpretationsspielraum um Missverständnisse im Projektverlauf und weitreichendere Probleme juristischer Art zu vermeiden. Das Pflichtenheft soll außerdem für alle Parteien des gesamten Vorhabens allgemein verständlich verfasst sein. Es im Interesse des Kunden und Auftragnehmers die gleiche Auffassung der Anforderungen an das Endprodukt zu haben um weitestgehend das Risiko von nicht umgesetzten Produkteigenschaften zu minimieren.[19]

3 Vorgehensweise zur Konstruktion eines Pflichtenheftes

3.1 Leitfaden für den Aufbau

Grundsätzlich gibt es bezüglich der Erstellung eines Pflichtenheftes keine gesetzlich festgelegte Gliederung. Die Struktur des Leistungsverzeichnisses kann somit vom Ersteller komplett frei gewählt werden. Jedoch haben sich in der Vergangenheit bei der Erstellung von Dokumenten bestimmte Inhalte bewährt. Dazu zählt unter anderem die Beschreibung des kompletten Projektablaufs mit allen notwendigen Details. Auch fundamentale Voraussetzungen für die Durchführung des Projekts oder die Darlegung der partizipierenden Arbeitsgemeinschaften sind unabdingbare Inhalte für ein erfolgreiches Pflichtenheft. Dabei sollte sich das Leistungsverzeichnis zu jeder Zeit stark an den Inhalten des Lastenhefts orientieren und diesbezüglich ergänzend wirken.[20]

3.2 Inhalt

Im ersten Kapitel des Pflichtenheftes findet eine Kurzbeschreibung der Ausgangssituation und Zielsetzung für das Vorhaben statt. Hierfür wird die gegenwärtige Situation, die Gründe für die Notwendigkeit der Leistung und die daraus entstehenden Vorteile angeführt. Dazu zählt auch die Skizzierung der technischen und fachlichen Einordnung des Systems und die Festlegung der Rahmenbedingungen. Es werden zudem alle Stakeholder, die für das Projekt relevant sind, in Betracht gezogen.

Im zweiten Kapitel wird das Gesamtsystem auf der Grundlage der funktionalen und nicht-funktionalen Anforderungen aufgegliedert. Dabei werden das zentrale System und eventuell

---

[19] vgl. Brandt-Pook/Kollmeier (2020), S. 13
[20] o. V. (2020), Onlinequelle

zusätzlich benötigte Komponenten berücksichtigt, und wesentliche Dokumente, sowie Konzepte, für alle Phasen der Projektdurchführung in Betracht gezogen.

Das anschließende Kapitel der Schnittstellenübersicht dient der Beschreibung der Schnittstellen zwischen dem System und dessen Umwelt. Schnittstellen zum Projektgegenstand sind beispielweise der Anwender des Systems oder benachbarte relevante Systeme.

In der Lebenszyklusanalyse werden für ausgewählte Teilsysteme, die aus der Aufgliederung des Gesamtsystems hervorgegangen sind, unterstützungsbedürftige Phasen im Lebenszyklus des Produkts definiert und entsprechende Unterstützungskonzepte erstellt.

Im Anschluss daran werden in den folgenden zwei Kapiteln die funktionalen und die nicht-funktionalen Anforderungen aus dem Lastenheft dargestellt und die Vorgehensweise zur Realisierung beschrieben. In Bezug auf die funktionalen Anforderungen ist die Ausführung sogenannter Use Cases geeignet, in welchen geschlossene Teilvorgänge betrachtet werden, die als Ganzes das Systemverhalten definieren. Falls im Lastenheft produktunspezifische Vorgaben, wie beispielsweise Forderungen zur Informationssicherheit, ausgeführt werden sind hierfür der aktuelle Stand der Umsetzung, sowie potenzielle Änderungen und Erweiterungen festzulegen.

Anschließend werden innerhalb der Anforderungsverfolgung zum Lastenheft die funktionalen und nicht-funktionalen Anforderungen, die im Lastenheft beschrieben werden, den Anforderungen aus dem Pflichtenheft zugeordnet. Anknüpfend daran fasst die Anforderungsverfolgung zu den Spezifikationen die Zuordnung der funktionalen und nicht-funktionalen Anforderungen zu den Komponenten der Gesamtsystemarchitektur zusammen.

Das vorletzte Kapitel des Pflichtenheftes legt die Kriterien für die Abnahme der Leistung fest und beschreibt die Vorgehensweise der Ausgangsprüfung. Die Bedingungen zur Abnahme werden vom Auftraggeber gestellt und sollten messbar und strukturiert sein. Die Prüfung des Ausgang der Leistung liegt beim Auftragnehmer, welche die Abnahme durch den Auftraggeber sicherstellen soll.

Im letzten Kapitel wird der Lieferumfang thematisiert, welcher alle Dienstleistungen und Gegenstände auflistet, die im Laufe des Projektverlaufs geliefert wurden.[21]

---

[21] Friedrich (2019), Onlinequelle

4 Darstellung eines Ausschnitts aus dem Pflichtenheft

Im folgenden Kapitel der Arbeit wird das Pflichtenheft vorgestellt. Da die Darstellung eines vollständigen Pflichtenheftes den Umfang der Arbeit erheblich ausdehnen würde wird nur ein Teil des Leistungsverzeichnisses ausgeführt.

Die thematisierten Kapitel beschränken sich dabei auf die Kurzbeschreibung der Ausgangssituation und Zielsetzung der Arbeit mit der Skizzierung des Systems und der Dekomposition des Gesamtsystems mit den zugehörigen funktionalen und nicht-funktionalen Anforderungen. Nicht ausgeführt werden können anderweitige Verweise, die sich auf das Lastenheft beziehen, da dieses als vollständiges Dokument nicht zur Verfügung steht.

Die Struktur des Pflichtenheftes wird trotz nicht thematisierter Inhalte komplett dargestellt. Auf derartige Inhalte wird dennoch eingegangen und eine Kurzbeschreibung abgegeben.

Musterfirma GmbH

StudSched

Pflichtenheft

Projektbezeichnung	StudSched
Projektleiter	Fabian Schnabel
Auftraggeber	AKAD University
Auftragnehmer	Musterfirma GmbH
Gesamtstatus	In Bearbeitung

Versionsverlauf

Version	Datum	Geänderte Kapitel	Art der Änderung	Autor	Status
1.0	03.10.2022	Alle	Erstellung des Dokuments	Fabian Schnabel	veraltet
1.1	03.10.2022	4.6 Nicht-Funktionale Anforderungen	Hinzufügen der nichtfunktionalen Anforderung NF6	Fabian Schnabel	aktiv

4.1 Ausgangssituation und Zielsetzung

Die Organisation der alltäglichen Aufgaben stellt eine Herausforderung dar, die schwer ohne eine adäquate Planung bewältigt werden kann. Besonders beim selbstbestimmten Arbeiten, wie zum Beispiel während eines Selbststudiums, kann der Einsatz eines informationstechnisch gestützten Werkzeugs Abhilfe schaffen. Ziel des Projekts ist es daher ein webbasiertes Aufgabenmanagement zu entwickeln, welches diese Planungstätigkeiten unterstützt und die Risiken zur Nichteinhaltung der Ziele minimiert. Dabei soll die Anwendung auf die Erstellung und Verwaltung modularer Aufgaben ausgerichtet sein.

Stakeholder bezüglich dieses Projekts sind einerseits der Autor dieser Arbeit, welcher auch gleichzeitig Auftragnehmer und der zukünftige Anwender ist, und andererseits die AKAD University als Auftraggeber.

4.2 Dekomposition des Gesamtsystems

4.2.1 Software

Die Applikation soll als Webanwendung zur Verfügung stehen. Hierfür wird ein Browser für die Lauffähigkeit vorausgesetzt. Optional kann die Möglichkeit der Lauffähigkeit auf einem Windowssystem in Betracht gezogen werden. Für die Entwicklung der Webapplikation stehen die Programmiersprachen HTML5, JavaScript, CSS, CGI, XML und PHP zur Auswahl. Der Autor legt innerhalb des vorgegebenen Spektrums hierbei den Fokus auf die Sprachen HTML5, JavaScript und PHP. Jedoch ist dabei zu beachten, dass zu diesem Zeitpunkt nicht selektierte Programmiersprachen bei Bedarf dennoch in Zukunft verwendet werden können.

Neben der lauffähigen Webapplikation wird eine Datenbank für die persistente Speicherung der entstehenden Daten benötigt. Die softwareseitige Integration der Webseite in die Datenbank erfolgt durch die Skriptsprache PHP. Die Datenbank selbst wird per MySQL konfiguriert.

4.2.2 Hardware

Für den Zugang zur Webapplikation wird ein Clientrechner benötigt. Auf diesem System muss ein Browser installiert sein. Entscheidend ist hierbei ein gängiger Browser, wie beispielsweise Google Chrome oder Microsoft Edge.

Die Lauffähigkeit der Anwendung setzt hardwareseitig einen Webserver voraus, sowie eine eigene Datenbank. Diese beiden Komponenten werden nicht lokal installiert, sondern über das Internet gehostet.

4.2.3   Konzipierung der Benutzeroberfläche

Die folgenden Ausschnitte zeigen die ersten skizzenhaften Entwürfe der Benutzeroberfläche der Webanwendung.

Die Startseite dient der Hauptübersicht und wird dem Anwender beim Öffnen der Webapplikation zuerst angezeigt. Von diesem Punkt aus kann in alle möglichen Richtungen navigiert werden ①. Der Anwender sieht zudem seine Aufgaben in übersichtliche Felder strukturiert ② und deren Fortschrittsleiste in Prozent ③. Es besteht auch die Möglichkeit per Dropdown-Menü schnelle Aktionen für Aufgaben durchzuführen ④. Ein zweites Dropdown-Menü im oberen rechten Eck soll die Aufgaben nach ihrem aktuellen Status anzeigen lassen ⑤. Weiterhin sind Knöpfe für das Suchen einer Aufgabe, sowie für die Überleitung zum Erstellmodus vorhanden ⑥.

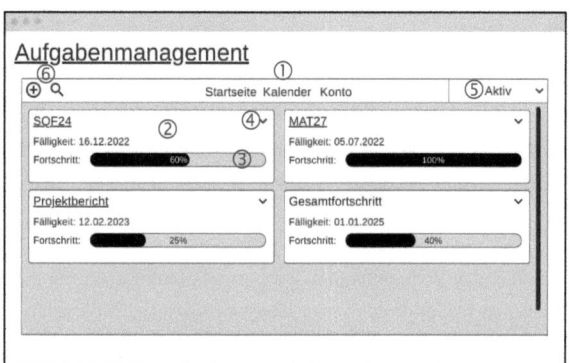

Abbildung 2: Startseite[22]

Das Anlegen einer neuen Aufgabe erfolgt in einem separaten Fenster, dem Erstellmodus. In diesem Bereich kann der Anwender die Attributwerte für den neuen Eintrag definieren. Hierunter

---

[22] Eigendarstellung

zählt die Bezeichnung ①, das Fälligkeitsdatum ② und die Teilaufgaben ③. Weiterhin können Kommentare ④ oder Anhänge ⑤ angefügt werden.

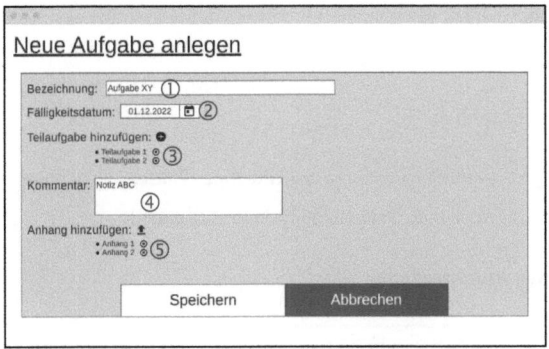

Abbildung 3 : Vorlage zum Anlegen neuer Aufgaben[23]

Der Bearbeitungsmodus erlaubt die Änderung einer bereits vorhandenen Aufgabe. Er wird über das schnelle Aktionsmenü einer Aufgabe auf dem Startbildschirm aufgerufen. Dabei können die Attributwerte, die bereits im Erstellmodus erläutert wurden, angepasst werden. Ausgeschlossen ist hierbei die Bezeichnung der Aufgabe. Außerdem besteht zusätzlich die Möglichkeit Teilaufgaben hinzuzufügen und als fertig zu markieren ①.

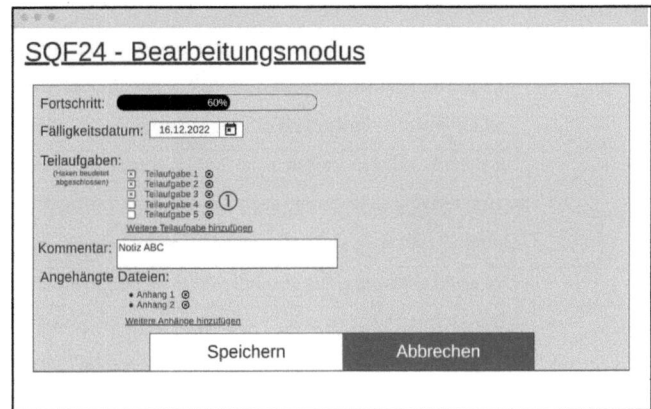

Abbildung 4: Bearbeitungsmodus einer erstellten Aufgabe[24]

---

[23] Eigendarstellung
[24] Eigendarstellung

4.3 Schnittstellenübersicht

In diesem Kapitel werden die Schnittstellen zwischen dem System und dessen Umwelt beschrieben. Dabei handelt es sich zum Beispiel um den Anwender des Systems oder umliegende bedeutsame Systeme.

4.4 Lebenszyklusanalyse

In dieser Analyse werden unterstützungsbedürftige Phasen im Lebenszyklus des Produkts ausgemacht und entsprechende Unterstützungskonzepte erstellt.

4.5 Funktionale Anforderungen

Anforderungs-Nr.	Beschreibung
F1	Auf der Hauptseite soll ein Dropdown-Menü für jede Aufgabe die Möglichkeit für den Zugriff auf schnelle Optionen zur Verfügung stellen.
F2	Der Plus Knopf auf der Startseite leitet den Anwender zum Erstellmodus weiter.
F3	Die Navigationsleiste ermöglich einen schnellen Wechsel zwischen den wichtigsten Webseiten.
F4	Auf der Hauptseite können einzelne Aufgaben gesucht oder nach ihrem Status sortiert werden.
F5	Jede Aufgabe beinhaltet eine Fortschrittsleiste, die über die Startseite sichtbar ist und den prozentualen Anteil der abgeschlossenen Teilaufgaben widerspiegelt.
F6	Im Erstellmodus kann eine neue Aufgabe angelegt werden. Dabei können charakteristische Informationen zur Aufgabe hinzugefügt werden. Darunter fällt auch das Anlegen von Teilaufgaben.
F7	Der Bearbeitungsmodus ermöglich die nachträgliche Bearbeitung von spezifischen Daten zu einer Aufgabe oder das Abhaken von Teilaufgaben. Beim Abschließen einer Teilaufgabe füllt sich die Fortschrittsanzeige einer Aufgabe.

4.6 Nicht-funktionale Anforderungen

Anforderungs-Nr.	Beschreibung
NF1	Nach drei fehlgeschlagenen Anmeldeversuchen wird die Anwendung blockiert bis der Nutzer diese über seine E-Mail Adresse entsperrt hat.
NF2	Das Gesamtsystem muss nach einer Aktion auf Webapplikation innerhalb von fünf Sekunden das Ergebnis an den Anwender liefern. Dauert die Ladezeit länger wird der Vorgang abgebrochen und eine Fehlermeldung ausgegeben.
NF3	Die Anwendung muss für den Benutzer schnell erlernbar und einfach zu bedienen sein.
NF4	Während der Laufzeit der Anwendung darf es zu keinen folgenschweren Abstürzen kommen. Der Code muss daher so entwickelt werden, dass die Webapplikation zuverlässig und robust arbeitet.
NF5	Aufgrund der Nachvollziehbarkeit müssen sämtlich Codes dokumentiert sein. Dies erleichtert Wartungsarbeiten und potentielle Erweiterungen.
NF6	Bezüglich der personenbezogenen Daten des Nutzers gelten die Vorschriften der DSGVO. Dies beinhaltet unter anderem die Einwilligung des Benutzer für die Erhebung derartiger Daten und deren Löschung auf Nachfrage.

4.7 Anforderungsverfolgung zum Lastenheft

In diesem Abschnitt werden die funktionalen und nicht-funktionalen Anforderungen aus dem Lastenheft den Anforderungen aus dem Pflichtenheft zugeordnet.

4.8 Anforderungsverfolgung zu den Spezifikationen

Die Anforderungsverfolgung zu den Spezifikationen ordnet die funktionalen und nicht-funktionalen Anforderungen den Komponenten der Gesamtsystemarchitektur zu.

4.9 Abnahmekriterien und Ausgangsprüfung

Die Abnahmebedingungen werden vom Kunden festgelegt und sollten messbar und strukturiert sein. Der Auftragnehmer ist verantwortlich für die Überprüfung der Leistungsergebnisse, um die Kundenakzeptanz sicherzustellen.

4.10 Lieferumfang

Der Lieferumfang listet alle Gegenstände und Dienstleistungen auf, die im Projektverlauf verwendet wurden.

5 Schluss

5.1 Zusammenfassung

Das Ziel der vorliegenden Arbeit war die Erstellung eines Pflichtenheftes für ein wenig komplexes Online-System innerhalb des Projektmanagements.

Zusammenfassend hat sich aus der Arbeit ergeben, dass die Unterscheidung von Lastenheft und Pflichtenheft, und somit auch der Fragen *was*, und insbesondere *wie*, eine entscheidend Rolle für die gemeinsame Grundlage zwischen Auftragnehmer und Auftraggeber einnimmt. Das Risko der Zielverfehlung in der Softwareentwicklung kann zudem wesentlich minimieren werden, wenn bestimmte Erfolgsfaktoren für ein hochwertiges Pflichtenheft eingehalten werden und damit dessen Qualität sicherstellt wird.

Anwendung findet ein Pflichtenheft vorzugsweise in klassischen Vorhaben, da sich die herkömmlichen statischen Vorgehensweisen optimal mit dem statischen Planungscharakter des Pflichtenheftes vereinbaren lassen. Agile Vorhaben sind aufgrund ihrer hohen Dynamik eher nicht mit statischen Planungsinstrumenten kompatibel außer eine Mischform wird angestrebt.

Es wurde auf die Struktur des Pflichtenheftes eingegangen und dessen Inhalte dargestellt. Dabei gilt es zu beachten, dass keine gesetzlichen Vorgaben für die Erstellung existieren.

Mit der Ausarbeitung des Pflichtenheftes wurden die gelernten Grundlagen angewendet. Dabei ist deutlich geworden wie hoch der Detaillierungsgrad der Arbeit sein muss. Selbst Informationen, die sich erschlossen werden können, müssen ausgeführt werden um die Eindeutigkeit zu gewährleisten und folglich Missverständnisse auszuschließen. Das Pflichtenheft stellt einen fundamentalen Informationsträger für aktuelle und zukünftige projektbezogene Tätigkeiten dar.

5.2 Kritische Würdigung und Ausblick

Aufgrund des begrenzten Umfangs der vorliegenden Arbeit konnten bestimmte Aspekte nur teilweise ausgeführt werden. Jedoch wurde die Zielerreichung der Arbeit dadurch nicht beeinträchtigt und das gewünschte Ergebnis konnte erreicht werden.

Zu den Aspekten, die nicht vollständig ausgeführt werden konnten zählt unter anderem die Ausführung des Pflichtenheftes. Für bestimmte Kapitel wurde nur eine Kurzbeschreibung abgegeben. Dabei hätten diese Bestandteile des Dokuments tiefer beschrieben werden können. Die Folge wäre ein deutlich höherer Detaillierungsgrad der Arbeit. Weiterhin wäre eine umfassendere Beschreibung des ausgeführten Kapitels der funktionalen und nicht-funktionalen Anforderungen von Vorteil gewesen.

In Hinblick auf zukünftige Aussichten für dieses Assignment ist zu sagen, dass das Pflichtenheft trotz seines statischen Planungscharakters in heutigen Projekten immer noch eine zentrale Position in der Informationsbeschaffung während des Projekts einnimmt. Daher finden die erarbeiteten Inhalte der Arbeit nach wie vor eine Anwendung und sollten bei der Durchführung eines Projekts durchaus in Betrachtung gezogen werden.

Schlussendlich wird das erstellte Pflichtenheft im nachfolgenden Modul WIN32, welches die praktische Umsetzung der Inhalte aus dem Pflichtenheft beinhaltet, genau diese grundlegende Funktion einnehmen.

Literaturverzeichnis

Brandt-Pook, Hans/Kollmeier, Rainer (2020): Softwareentwicklung kompakt und verständlich – Wie Softwaresysteme entstehen (E-Book: pdf-Dokument), 3. verbesserte Auflage, Wiesbaden.

Broy, Manfred/Kuhrmann, Marco (2021): Einführung in die Softwaretechnik (E-Book: pdf-Dokument), Berlin.

Büchler, Michael (o. J.): Wasserfallmodell, Softwareentwicklung, Phasen, Projektmanagement, https://management.bildungsbibel.de/projektmanagement-wasserfallmodell-softwareentwicklung-phasen (Zugriff am 04.09.2022).

Friedrich, Christoph (2019): Pflichtenheft erstellen leicht gemacht, https://www.trackplus.com/blog/de/pflichtenheft/ (Zugriff am 26.09.2022).

Grande, Marcus (2014): 100 Minuten für Anforderungsmanagement – Kompaktes Wissen nicht nur für Projektleiter und Entwickler (E-Book: pdf-Dokument), 2. Auflage, Wiesbaden.

Jakoby, Walter (2021): Projektmanagement für Ingenieure – Ein praxisnahes Lehrbuch für den systematischen Projekterfolg (E-Book: pdf-Dokument), 5. überarbeitete und aktualisierte Auflage, Wiesbaden.

Kusay-Merkle, Ursula (2021): Agiles Projektmanagement im Berufsalltag – Für mittlere und kleine Projekte (E-Book: pdf-Dokument), 2. erweiterte und verbesserte Auflage, Berlin.

Madauss, Bernd-J. (2020): Projektmanagement – Theorie und Praxis aus einer Hand (E-Book: pdf-Dokument), 8. Auflage, Stuttgart.

o. V. (2020): Das Pflichtenheft: Alle Anforderungen eines Projekts im Blick, https://www.ionos.de/digitalguide/websites/web-entwicklung/pflichtenheft/ (Zugriff am 15.09.2022).

o. V. (2022): Pflichtenheft vs. agile Softwareentwicklung, https://www.fkt42.de/blog/pflichtenheft-vs-agile-softwareentwicklung/ (Zugriff am 10.09.2022).

o. V. (o. J.): Pflichtenheft im Maschinenbau – Details zum Aufbau und Inhalt, https://www.item-pluspartner.de/blog/pflichtenheft-erstellen/ (Zugriff am 01.09.2022).